बाब - ए - ग़ज़ल

A BOOK OF MY GHAZALS

अब्बास 'माहिर'

Made with ♥ on the Notion Press Platform
www.notionpress.com

ग़ज़ल की यह किताब मेरी ऑफिस के उन सभी सहकर्मियों

और उन सभी लोगो को समर्पित है

जिन्होंने मेरी शायरी को पसंद किया और अपने कलाम को

एक किताब की शक्ल देने के लिए मेरी हौसला अफ़ज़ाई की |

क्रम-सूची

क्रम-सूची

1. जो फलों से लदा हुआ होगा

जो फलों से लदा हुआ होगा
वह शजर तो झुका हुआ होगा

***

कितनी शिद्दत से हंस रहा है वह
ग़म उसे जाने क्या हुआ होगा

***

जब कहा होगा मेरा अफसाना
उसका रुँधा हुआ गला होगा

***

आँधियों को हुआ है दर्द बोहोत
जाने किसका दिया बुझा होगा

***

सारी महफ़िल है एक सकते में
उसके रुख का नक़ाब उठा होगा

***

इश्क़ छुपता नहीं छुपाने से
आग जब भी लगी धुआँ होगा

***

चल रही है जो कश्ती ए माहिर
देखो तूफ़ां कहीं उठा होगा

2. चराग किसने ऐसा जलाया है उन मकानो में

चराग किसने ऐसा जलाया है उन मकानो में
के जिसकी रोशनी फैली हुई है आसमानो में

***

अभी तो मैंने अपना एक ही किस्सा सुनाया है
मेरे किस्से तो है मौजूद कितने ही फसानो में

***

मेरा दुश्मन तो मुझसे इन्तेहाई इश्क़ करता है
मुझे एहसास ऐसा हो रहा उसके बयानों में

***

चढा है रंग उसपर ऐसा कुछ अपनी फकीरी का
रखा है एक शहंशाह ने मेरा कासा ख़ज़ानों में

***

सदा ऐसी उठी है आज एक मासुम के दिल से
सुनाई देगी जिसकी गूँज कितने ही ज़मानो में

***

लिया था उसने मेरा नाम जाते जाते यूँ माहिर
अभी तक गूंजती है उसकी वो आवाज़ कानो में

3. जो उड़ानों में नज़र सु ऐ फलक़ रखते हैं

जो उड़ानों में नज़र सु ऐ फलक़ रखते हैं
फिर वह तूफ़ान से भिड़ने का जिगर रखते हैं

***

तेरे जाने से न वीरान हुआ दिल का मकां
हम तेरी यादों से गुलज़ार यह घर रखते हैं

***

सुनते हैं पास है उसके कोई खंजर तैयार
यार के दर पे चलो जाके यह सर रखते हैं

***

तेरी यादों के सिवा याद नहीं कुछ भी हमें
तेरे दीवाने कहाँ अपनी खबर रखते हैं

***

हम ने सर पर न कभी ताज की हसरत की है
हम तो शाहों को बनाने का हुनर रखते हैं

***

दिल बचा कर रखे हम हुस्न से कैसे माहिर
यह हसीं चेहरे बड़ी तेज़ नज़र रखते हैं

4. यह जो चेहरे पे सुर्ख रंगत हैं

यह जो चेहरे पे सुर्ख रंगत हैं
तुम न मानो मगर मोहब्बत हैं

***

सांस जो तेज़ तेज़ चलती हैं
दिल के तूफां की यह अलामत हैं

***

लब यूँही थरथरा नहीं करते
जाम पी ले कोई यह हसरत हैं

***

यह जो बेबात कोई हँसता हैं
उसकी आँखों में कोई सूरत हैं

***

फूल यूँही नहीं खिला करते
उनको भी भंवरो से मोहब्बत हैं

***

टूटकर जो बरसता हैं बादल
एक प्यासी ज़मी की चाहत हैं

***

मौज क्या यूँही सर पटकती हैं
वह तो साहिल से उसकी उल्फत हैं

***

शमा यह फरफरा रही हैं जो
कोई परवाना जले यह हसरत हैं

***

सिर्फ हम ही नहीं यहाँ बेचैन
उनकी भी ऐसी ही कुछ हालत हैं

***

तुझको जबसे मिला हैं वह माहिर
ज़िन्दगी तेरी एक इबादत हैं

5. ग़मे जहान भी है तेरा कुछ ख्याल भी है

ग़मे जहान भी है तेरा कुछ ख्याल भी है
है बाग़ बाग़ यह दिल और खस्ता हाल भी है

***

बड़ी उदासी से करते हैं तर्के इश्क़ की बात
है बेवफाई की हसरत भी और मलाल भी है

***

सफ़ेद झूठ भी सच जैसा जान पड़ता है
कुछ उसका खौफ है कहने का कुछ कमाल भी है

***

क़ुबूल हुई है दुआ मुद्दतो के बाद मगर
उधर उठी है क़यामत इधर विसाल भी है

***

इसे ज़मीन की जन्नत कहे न क्यों माहिर
यह मुल्क सबसे हसीं भी है बेमिसाल भी है

6. चांदनी रातों में जब और निखर जायेंगे

चांदनी रातों में जब और निखर जायेंगे
वह हसीं चेहरे फिर और सितम ढाएँगे

***

मैकदे छलके हैं उन रेशमी पैमानों से
हम को एक बूँद मिले दिल तो बहल जायेंगे

***

हम कोई रेत नहीं भींच ले मुठ्ठी में कोई
हम वह गुल है जो फ़ज़ाओं में बिखर जायेंगे

***

अभी तो रात की तारीकियां है चारो तरफ
तुलुए शम्स में फिर हम ही नज़र आएंगे

***

ज़रा संभाल लू पहले मैं ज़िन्दगी के ग़म
गेसुओं के ख़म तो कभी और संवर जायेंगे

***

अपनी चाहत में भरो और भी शिद्दत माहिर
आग हो तेज़ तो पत्थर भी पिघल जायेंगे

7. कितने कांटे है यह हम कब हिसाब रखते हैं

कितने कांटे है यह हम कब हिसाब रखते हैं
हम तो दामन में भरकर गुलाब रखते हैं

***

रोशनी के लिए कितने सितारे है आसमानो में
पर अपनी झोली में हम आफ़ताब रखते हैं

***

जब ठान लेते हैं पथरीली राह पर चलना
तो ज़ख़्मी पांवो से चलने की ताब रखते हैं

***

दिल में रहता है उस यार का तसव्वुर और
अपनी नज़रो में कुछ हसीन ख्वाब रखते हैं

***

अब जो कर बैठे हैं हम इश्क़ का गुनाह माहिर
देखे वह अपने लिए अब क्या अज़ाब रखते हैं

8. यह माना मैंने मैं कुछ भी नही हूँ

यह माना मैंने मैं कुछ भी नही हूँ
मगर ठोकर का पत्थर भी नही हूँ

***

समंदर की तरह फैला नही पर
किसी दरिया से कमतर भी नहीं हूँ

***

दिया हूँ मैं नहीं बन पाया सूरज
अंधेरों से मैं हारा भी नही हूँ

***

ज़रा धीमी है मेरी चाल लेकिन
किसी मंजिल पे ठहरा भी नही हूँ

***

तुझे मैं चाहता हूँ जान ओ दिल से
भले ही तेरा मैं कुछ भी नही हूँ

***

यह माना इश्क़ मे माहिर नही मैं
मगर मैं क़ैस से कम भी नहीं हूँ

9. दिया जला न सही जुगनुओ का साथ तो है

दिया जला न सही जुगनुओ का साथ तो है
जो आशना का नहीं, अजनबी का साथ तो है

***

साक़िया मुझ को न इंकार कर पिलाने से
शराब का नहीं नज़रों का मगर जाम तो है

***

न कर सकेगा मुझे ग़र्क़ कोई भी तूफां
जो नाखुदा का नहीं पर खुदा का साथ तो है

***

चमक रहा है ज़माने में शम्स के जैसे
ज़रा सा ज़र्रा है पर उसमे कोई बात तो है

***

नहीं है जानती दुनिया के कौन है माहिर
ज़बा पे नाम नहीं पर तेरे अशआर तो है

10. घर से जब पीने को मैखाने की जानिब निकले

घर से जब पीने को मैखाने की जानिब निकले
साथ चलने को मेरे कितने ही ज़ाहिद निकले

***

घर की देहलीज़ पे बैठे हैं यह उम्मीद लिए
उसका खत देने को शायद कोई क़ासिद निकले

***

लाये तूफान से कश्ती को बचा कर हम तो
पर डुबोने को उसे कितने ही साहिल निकले

***

साक़ी लाया था हमें देने वह जामे शराब
हमतो बस आँखों के पैमानों के तालिब निकले

***

जब सुनाने लगे अफसाना मोहब्बत का हम
महफ़िलो से सभी रोते हुवे बाहिर निकले

***

हमको दिल से न निकालेंगे क़सम खाते थे
छोड़ने क़ब्र में आगे वही साहिब निकले

***

तुम को आयी न कभी करनी यह दुनियादारी
इश्क़ के फन में मगर तुम बड़े माहिर निकले

11. लम्बा सफर था, तय किया, आओ घर चले

लम्बा सफर था, तय किया, आओ घर चले
पंछी सुबह जो निकले थे, अब शाम ढल चले

***

दिनभर की धुप छाव को सूरज समेट कर
बोला दिए से देखना, अब हम तो घर चले

***

आने का वादा पूरा किया पर ज़रा रुको
बाक़ी अभी है रात बोहोत तुम किधर चले

***

उस यार को मनाने को अब और क्या करे
क़दमों पे रख के उसके हम अपना सर चले

***

मंज़िल पे पोहोंच कर भी सफर ख़त्म न हुआ
कुछ देर रुक के अगली मंज़िल पे बढ़ चले

***

माहिर है बाक़ी शाम अभी और शराब भी
महफ़िल चलेगी और अभी हम तो घर चले

12. मोहब्बतों की रवायात को बदलना क्यों

मोहब्बतों की रवायात को बदलना क्यों
जो आग पर न चले इश्क़ में तो चलना क्यों

***

जलाओ इश्क़ में दिल को तो पूरी शिद्दत से
जो खाक हो ना जिगर इश्क़ में तो जलना क्यों

***

है बात मुझको मिटाने की तो मिटा देना
ज़रा सी बात में बच्चों सा यु मचलना क्यों

***

जो बात जैसे कही जाती है कहेंगे हम
किसी के वास्ते लहजे को यूँ बदलना क्यों

***

यहाँ है हर कोई मसरूफ अपनी दुनिया में
किसी के मिलने को बेबात फिर निकलना क्यों

***

अभी तो शाम है माहिर शराब आने दे
यूँ आफ़ताब के मानिंद अभी से ढलना क्यों

13. रह के आँखों में तेरी दिल की तरफ देख रहे हैं

रह के आँखों में तेरी दिल की तरफ देख रहे हैं
राह में बैठे हैं मंज़िल की तरफ देख रहे हैं

***

क़त्ल नज़रों से कभी करते हैं अदाओ से कभी
और हम प्यार से क़ातिल की तरफ देख रहे हैं

***

वह जो बैठा है मुहाफ़िज़ तेरे रुखसार पर एक
हम तेरे चेहरे के उस तिल की तरफ देख रहे हैं

***

कौन देखे के शमा भी जली परवाना भी
लोग तो रौनक ए महफ़िल की तरफ देख रहे हैं

***

इश्क़ करना है तो फिर डूब के करना माहिर
लोग कह दे किसी क़ाबिल की तरफ देख रहे हैं

14. मुझको मिटाने कितने ही तैयार खड़े हैं

मुझको मिटाने कितने ही तैयार खड़े हैं
अफ़सोस उनमें कुछ तो मेरे यार खड़े हैं

***

जिस के लिए जहान से लड़भिड़ गए थे हम
आज उसके आगे बनके गुनाहगार खड़े हैं

***

एक शमा पर निसार हैं परवाने यह कितने
हैं एक अनार, सौ यहाँ बीमार खड़े हैं

***

ले आये हैं निकाल के हर बार वह नहर
फरहाद कब यह देखे के कोहसार खड़े हैं

***

रहज़न थे हम ने उनको ही रहबर बना दिया
लुटने के डर से काफिले लाचार खड़े हैं

15. तेरी मेहरबानियाँ इस तरह हो गयी

तेरी मेहरबानियाँ इस तरह हो गयी
मेरी रुस्वाइयाँ हर जगह हो गयी

***

ऐसे देखा मुझे मधभरी आँखों से
मय की सारी खुमारी हवा हो गयी

***

उनसे मिलने की उम्मीद थी खवाब में
आँखों आँखों में लेकिन सुबह हो गयी

***

बात करते हैं वह दिल्लगी के लिए
हसरते क्यों तुझे ख्वाहमख्वाह हो गयी

***

दौर ऐसा है यह नफरतो का के अब
बात इंसानियत की गुनाह हो गयी

***

सर को रखे थे जो ज़ानू ए यार पर
कितनी प्यारी वह आरामगाह हो गयी

16. यह मेरी तुझसे मोहब्बत कमाल हैं वल्लाह

यह मेरी तुझसे मोहब्बत कमाल हैं वल्लाह
चकोर की चाँद से उल्फत कमाल हैं वल्लाह

***

नज़र मिलाना कभी और कभी चुरा लेना
यह धुप छाव सी चाहत कमाल हैं वल्लाह

***

हैं उनसे प्यार भी और डर भी हैं ज़माने का
यह कश्मकश की मोहब्बत कमाल हैं वल्लाह

***

ज़माने को भी दिखाना हैं और खुदा को भी
दिखावटी यह इबादत कमाल हैं वल्लाह

***

जमा हुई हैं सज़ा देने इश्क़ की मुझको
यह नफरतो की अदालत कमाल हैं वल्लाह

***

था मुझसे इश्क़ तो एक बार मुझसे कहते तो
यह तेरी मुझसे शिकायत कमाल हैं वल्लाह

***

यह राम भक्त हैं और यह रहीम का बंदा
यह बांटने की सियासत कमाल हैं वल्लाह

***

मेरी ख्वाहिश के एक बार तुझको देखु मैं
और तेरी परदे की आदत कमाल हैं वल्लाह

***

वह चोरी करके भी रहते हैं सीना जोरी से
ठगो की ऐसी शराफत कमाल हैं वल्लाह

***

ज़बा पे कुछ हैं और दिल में कुछ और ही माहिर
ज़माने की यह महारत कमाल हैं वल्लाह

17. एक मुद्दत हुई वह पराये हुवे हैं

एक मुद्दत हुई वह पराये हुवे हैं
जिन्हे दिल से अब भी लगाए हुवे हैं

***

खयालों ने आकर के डाला है डेरा
मेरे दिल में मेहमान आये हुवे हैं

***

यह महफ़िल में जो रौशनी हो रही हैं
हम अपने जिगर को जलाये हुवे हैं

***

न आतिश बची जिसमे न राख बाक़ी
वो रिश्ते अभी भी निभाए हुवे हैं

***

जिन्हे सारा आलम यह दोहरा रहा है
वह क़िस्से हमारे सुनाये हुवे हैं

***

तू क्यों उनकी बातों से भरमा रहा है
ऐ माहिर तुझे वह बनाये हुवे हैं

18. अपनी भी यह ज़िद हैं के मोहब्बत तो करेंगे

अपनी भी यह ज़िद हैं के मोहब्बत तो करेंगे
मर जायेंगे पर जीने की हसरत तो करेंगे

***

कहती रहे दुनिया के बोहोत दूर हैं वह चाँद
उसको भी तोड़ लाने की हिम्मत तो करेंगे

***

कैसे न मिलेंगे हमें यह ताज यह कुर्सी
हम उसकी तरफ जाने की हिम्मत तो करेंगे

***

बचपन में सुना करते थे परियो के वह किस्से
अब एक हूर को देखा हैं शरारत तो करेंगे

***

हर वक़्त तसव्वुर में समाया हैं तेरा अक्स
एक बुत को जो देखा हैं इबादत तो करेंगे

***

लोगो का बहा खून दुखी हम भी हैं लेकिन
हम क़ौम के लीडर हैं सियासत तो करेंगे

***

तूफान में कश्ती को भला छोड़ दे कैसे
माहिर हैं हम इसकी हिफाज़त तो करेंगे

19. महफ़िल में कई और थे पर शोर नहीं था

महफ़िल में कई और थे पर शोर नहीं था
छाया था बस एक तू ही कोई और नहीं था

***

रुस्तम थे कई और जो फड़काते थे बाज़ू
बाज़ू में मगर तुझसा कहीं ज़ोर नहीं था

***

एक पल को मुझे देख के वह मुस्कुरा दिए
उस पल सा हसीं एक भी पल और नहीं था

***

अब ग़ैर तो क्या अपने भी पहचाने नहीं जाते
पहले तो कभी ऐसा कोई दौर नहीं था

***

था शौक मुझे भी के रहूं वस्ल तक हयात
पर मुझ में इंतज़ार का दम और नहीं था

***

सुनता रहा ख़ामोशी से सब तेरे वह इलज़ाम
माहिर की शराफत थी वह कमज़ोर नहीं था

20. सलाम आज जो भेजा है बेदिली से

सलाम आज जो भेजा है बेदिली से
खता क्या हो गयी इस अरदली से

***

अदा उसकी है यह मासूमियत तो
न खाओ धोखा तुम सूरत भली से

***

कई दिन बाद खुद से मिलके आया
मैं हो आया हूँ फिर उसकी गली से

***

खुरचता है हटाओ हाथ अपना
छुओ न दिल को दस्ते मखमली से

***

अभी है कमसिनी होगी जवानी
चमन में फूल खिलता है कली से

***

ज़माना जान ले न हाल माहिर
ना देखो उनको तुम यूँ बेकली से

21. जब अपनी सोच के हम अंदाज़ बदल दे

जब अपनी सोच के हम अंदाज़ बदल दे
एक पल में ज़िन्दगी के हम ऐजाज़ बदल दे

***

खुल जाये नई राहें बदल जाये हर अंजाम
जब काम को करने के हम आगाज़ बदल दे

***

हो अपने आप पर जो हमें पूरा भरोसा
जीवन के हर संगीत के हम साज़ बदल दे

***

आँखों में समाये हो जो आकाश यह सारे
छोटे से परों से भी हम परवाज़ बदल दे

***

तू चाहे तो दुनिया भी तेरे पीछे चलेगी
जो उनको बुलाने के तू अंदाज़ बदल दे

***

चाहता हैं जो माहिर तू कोई राज़ छुपाना
तो राज़ नहीं अपने तू हमराज़ बदल दे

22. हिम्मत को जिसने क़ीमती ज़ेवर बना दिया

हिम्मत को जिसने क़ीमती ज़ेवर बना दिया
हर जंग में जीत को ही मुक़द्दर बना दिया

***

वह भी तो था मिटटी से पैदा हुआ मगर
बस हौंसले ने उसको सिकंदर बना दिया

***

अब और क्या बाक़ी रहा दुनिया का खज़ाना
जब तेरे दर को अपना मुक़द्दर बना दिया

***

बेजान पत्थरो से बना हैं वह ताज पर
ज़िंदा दिलो ने इश्क़ का पैकर बना दिया

***

क्या उसके हौंसले की हो तारीफ के जिसने
तूफ़ा को अपनी कश्ती का रहबर बना दिया

23. नाकामियों का अपनी अफ़सोस रहे क्या

नाकामियों का अपनी अफ़सोस रहे क्या
जो मिला खूब मिला सोज़ रहे क्या

***

देख कर चाँद भी शरमा जाये
हम उसे देखे तो फिर होश रहे क्या

***

ख्वाब में मुद्दतो बातें की है
वो मुखातिब हो तो खामोश रहे क्या

***

अब नहीं कोई भी उम्मीद उसके आने की
हम जो आवाज़ भी दे जोश रहे क्या

***

हमको माहिर ना मिला दोशे यार
फिर भला यार का आग़ोश रहे क्या

24. हर ख्वाब हक़ीक़त में बदलते हुए देखे

हर ख्वाब हक़ीक़त में बदलते हुए देखे
एक पल में ज़माने भी बदलते हुए देखे

***

बेदारी की चमक से जो रोशन हुवे ख्याल
पत्थर को नगीनो में बदलते हुवे देखे

***

जिन लोगो के थे हौंसले परबत से भी ऊँचे
उन ज़र्रों को सूरज से चमकते हुवे देखे

***

अख़लाक़ से भरपूर दरख़्त झुक के चले हैं
सूखे हुवे पेड़ो को अकड़ते हुवे देखे

***

तालीम से मिलती हैं तफ़क्कुर को बुलंदी
आलिम के ही पैमाने छलकते हुवे देखे

***

मुश्किल थी बोहोत राहें और ठोकर भी लगी थी
माहिर को तो गिर गिर के सँभलते हुवे देखे

25. इस तरह अपनी मौत का सामन हो जाये

इस तरह अपनी मौत का सामन हो जाये
उस संगदिल से इश्क़ का अरमान हो जाये

***

महफ़िल में ऐसे नाम मेरा प्यार से न लो
ऐसा न हो के बाईसे तूफ़ान हो जाये

***

बन कर चराग इस तरह रोशन करो जहाँ
सूरज भी तुम को देख के हैरान हो जाये

***

वक़्त ए फ़िराक़ उससे शिकायत कभी न की
क्यूँकर कहूं गरीब पे एहसान हो जाये

***

माहिर सुख़नतरी का तुम्हे शौक है मगर
ऐसी ग़ज़ल लिखो के वह दीवान हो जाये

26. हर शख्स कहाँ ख़ल्क़ में इंसान बने है

हर शख्स कहाँ ख़ल्क़ में इंसान बने है
ईमान ही इंसान की पहचान बने है

***

हो आया कई बार मैं मेहबूब के दर पर
अब देखिये वह कब मेरे मेहमान बने है

***

हर रात ख्वाबों में मुलाक़ात करे है
और सामने आ जाये तो अनजान बने है

***

मैं उसको सनम मानु के क़ातिल उसे समझूँ
बेजान मुझे करके मेरी जान बने है

***

मिलते है मुझे वह किसी झोंके से हवा के
और दिल में मेरे सैंकड़ों तूफान बने है

***

माँ बाप बुज़ुर्गों की दुवाओ से है बरकत
ईंटो और पत्थरों से कब मकान बने है

***

उसको तो तआरुफ़ की ज़रुरत न रही अब
माहिर के यह अशआर ही पहचान बने है

27. दुःख से न मुश्किलों से कभी हार मानना

दुःख से न मुश्किलों से कभी हार मानना
हर दिन को तेरे खुशियों का त्यौहार मानना

***

आ जाये चाहे राह में कितनी ही मुश्किलें
हरगिज़ न तू किसी को भी दीवार मानना

***

तदबीर तू करेगा तो तक़दीर बनेगी
हर जंग में हिम्मत को हथियार मानना

***

छीनेगा कौन तुझसे तेरी मंज़िलें ऐ दोस्त
तूफ़ा में मौज को ही तू पतवार मानना

***

मेहनत से जो मिले वही सच्चा इनाम है
मिलता है मुफ्त कुछ भी तो बेकार मानना

***

खुद की मदद करें तो ही मौला मदद करें
कोशिश तू कर फिर उसको तो तैयार मानना

***

जो लोग बुरा तुझ को सदा कहते हैं माहिर
है तेरी तरक़्क़ी में मददगार मानना

28. वह शख्स ज़िन्दगी में बड़ा नाम कर गया

वह शख्स ज़िन्दगी में बड़ा नाम कर गया
जो शख्स दूसरों के लिए काम कर गया

***

जिस ने लगाया पेड़ यहाँ वह शख्स तो नहीं
पर जो भी गुज़रा वह यहाँ आराम कर गया

***

करते हैं इश्क़ उनसे कभी कह न पाएं हम
चेहरे का रंग उनसे यह पैग़ाम कर गया

***

दौलत से न हुआ न ही पैमाने से चढ़ा
जैसा नशा निगाहों का एक जाम कर गया

***

बैठा हुआ उदास है सरहद पर एक जवान
न जाने खत वह कौन सा पैग़ाम कर गया

***

क्या नाम था वह कौन था मैं सोचता रहा
माहिर से दिल लगाकर जो नाकाम कर गया

29. एक छोटे से किस्से को अफसाना बना देंगे

एक छोटे से किस्से को अफसाना बना देंगे
तू शमा जलाएगा यह तूफान उठा देंगे

***

बनना हैं मसीहा तो तुम ध्यान यह रखियो
यह लोग तुझे एक दिन सूली पे चढ़ा देंगे

***

तू किसको दिखाने को यहाँ लाया हैं आइना
यह तोड़ के आइना खूँ तेरा बहा देंगे

***

कैसे कोई इस देश में इंसान बने अब
लीडर जो हमें हिन्दू मुसलमान बना देंगे

***

हैं वक़्त बोहोत नाज़ुक पर साथ अगर दे सब
हम मुल्क को ए माहिर गुलज़ार बना देंगे

30. आने का मेरे कोई उन्हें पैग़ाम ही पोहोंचा दे

आने का मेरे कोई उन्हें पैग़ाम ही पोहोंचा दे
मुझ को न सही उनको मेरा सलाम ही पोहोंचा दे

***

इज़्हारे मोहोब्बत से डर लगता है गर तुझको
मेहबूब मुझे खत कोई गुमनाम ही पोहोंचा दे

***

खुश है मेरी बर्बादी का वह जशन मनाते है
क़ातिल को सजा न सही इलज़ाम ही पोहोंचा दे

***

जा पोहोंचे है दूर इतने के आवाज़ न पोहोंचेगी
माहिर का उन्हें अब कोई पैग़ाम ही पोहोंचा दे

31. फिर याद आये आज वह बरसो में यकबयक

फिर याद आये आज वह बरसो में यकबयक
मुर्दा थी जान आ गयी सांसो में यकबयक

***

आकर समाये दिल में मेरे आज इस तरह
भर दे शराब साक़ी ज्यों कासो में यकबयक

***

कहते हैं तेरे जाने का हमको नहीं हैं ग़म
आये क्यों आंसू फिर तेरी आँखों में यकबयक

***

आशिक़ हैं तेरे देख के जीते हैं तुझी को
चेहरा न छुपाया करो परदे में यकबयक

***

कितना भी रोक लो इन्हे उड़ जायेंगे एक दिन
पाओगे परिंदो को हवाओ में यकबयक

32. धुंधली तस्वीरें नहीं तेरी आँख में जाले हैं

धुंधली तस्वीरें नहीं तेरी आँख में जाले हैं
डर जो मिट जाये तो फिर हर तरफ उजाले हैं

***

रास्ते साफ़ है और मंज़िलें भी हैं रोशन
तो फिर यह बेड़िया तू पाव में क्यों डाले हैं

***

तेरी नज़र की अदाओं में घिर गया है जो
फिर उसके वास्ते क्या जाम क्या प्याले हैं

***

किसी ग़रीब के घर में जला दे तू चूल्हा
फिर देख कैसे वह मालिक तुझे संभाले हैं

***

जो लोग लूट की दौलत से घर चलाते थे
वह बन के लीडर अब जहाँ संभाले हैं

***

जो फल से तुझको नवाज़े उसे पत्थर मारे
वाह रे इंसान तेरे ढंग भी निराले हैं

33. गुमनाम थे जहाँ में कोई आशना न था

गुमनाम थे जहाँ में कोई आशना न था
थी क़द्र बहुत अपनी मगर क़द्रदा न था

***

चाहा जो वह सब पा लिया हिम्मत की बदौलत
क्या हो गया जो अपना कोई रहनुमा न था

***

दौलत भी है शोहरत भी है अहबाब ओ यार भी
पहले तो मुक़द्दर कभी यूँ मेहरबा न था

***

तुझ को भी मोहोब्बत है पर इक़रार नहीं है
वह मुझसे यूँ शर्माना तेरा बेवजह न था

***

कुछ दिन से इस वीराने में आयी बहार है
इतना हसीन दिल का कभी मेहमा न था

रुबाईया

34. सबसे हुई पर खुद से मुलाक़ात न हुई

सबसे हुई पर खुद से मुलाक़ात न हुई
था उम्रभर का साथ मगर बात न हुई
दुनिया को जानने में गुज़ारे तमाम दिन
जिसमे खुदी को जान ले वह रात न हुई

35. मुश्किलों में हौंसलो का इम्तेहान होता हैं

मुश्किलों में हौंसलो का इम्तेहान होता हैं
चल पड़े तो रास्ता ही पासबान होता हैं
जो कभी ऊँची उड़ानों से भी घबराते नहीं
उन परिंदो का ठिकाना आसमान होता हैं

36. मुश्किलें जब हज़ार देती हैं

मुश्किलें जब हज़ार देती हैं
खुशिया फिर एक बार देती हैं
कितने मौसम खिज़ा के आते हैं
ज़िन्दगी तब बहार देती हैं

शुक्रिया

ग़ज़ल की इस किताब के ज़रिये आपकी खिदमत में अपने कुछ ख़यालात पेश करने की एक छोटी सी कोशिश की है
उम्मीद करता हूँ आपको मेरी यह कोशिश पसंद आयी होगी।
मेरी इस नाचीज़ कोशिश को वक़्त देने के लिए आपका तहे दिल से शुक्रिया ।

9 798889 861058

Printed by Libri Plureos GmbH in Hamburg,
Germany